UN

CRIME JUDICIAIRE

PLAINTE

CONTRE

M. CHAIX-D'EST-ANGE

SÉNATEUR

PAR

J. MIRÈS

PARIS
IMPRIMERIE AUGUSTE VALLÉE
16, RUE DU CROISSANT, 16

1870

UN

CRIME JUDICIAIRE

PLAINTE

CONTRE

M. CHAIX-D'EST-ANGE

SÉNATEUR

PAR

J. MIRÈS

PARIS
IMPRIMERIE TYPOGRAPHIQUE AUGUSTE VALLÉE
Rue du Croissant, 16.

1870

PLAINTE

CONTRE

M. CHAIX-D'EST-ANGE,

SÉNATEUR.

A Son Excellence Monsieur le Garde des Sceaux,
Ministre de la Justice.

MONSIEUR LE MINISTRE,

Aux termes de la Constitution, la haute cour de justice peut seule connaître des crimes commis par les sénateurs ; je sollicite, en conséquence, de Votre Excellence, la convocation de cette cour, afin qu'elle prononce :

Sur l'accusation de prévarication, de forfaiture et de faux que je porte contre M. Chaix-d'Est-Ange, crime commis par ce sénateur, pendant qu'il exerçait, à Paris, les fonctions de procureur général près la Cour impériale.

Cette accusation que je porte devant la haute cour résulte des faits suivants :

Dans les derniers mois de l'année 1860, M. de Pontalba, membre du conseil de surveillance de la Caisse des chemins de fer, et à ce titre tuteur des actionnaires, conçut le coupable projet de spolier ses pupilles en s'appropriant, sans droit, par menaces et violences, une partie de l'actif social de la société qu'il avait mission de protéger et de défendre.

Ce projet, qu'il suffit d'énoncer pour en dévoiler le caractère criminel, fut néanmoins encouragé par un avocat dont les agissements furent tels, en cette circonstance, qu'ils constituent une véritable complicité. Cet avocat est M. Chaix-d'Est-Ange, fils du magistrat qui remplissait alors les fonctions de procureur général près la Cour impériale de Paris.

Les manœuvres, les menaces, et surtout l'action directe et violente de l'ancien procureur général, assurèrent le succès des efforts de M. de Pontalba et de son complice, M. Gustave Chaix-d'Est-Ange fils! Une somme de 1,700,000 fr. me fut ainsi extorquée.

Le Mémoire joint à cette plainte fait connaître avec précision les circonstances dans lesquelles cette extorsion fut commise, et le concours prêté par le procureur général, qui constitue la PRÉVARICATION.

Sur ce point, je dois rappeler qu'un jugement du 28 août 1862 a condamné M. de Pontalba à la restitution intégrale des 1,700,000 fr., et pour motiver la restitution ordonnée, ce jugement établit que cette somme n'a été obtenue que par la menace et la violence!

Ainsi l'origine des poursuites exercées contre moi, en 1860, est nettement précisée ; cette origine est qualifiée par une décision judiciaire, qui a acquis l'autorité de la chose jugée.

§

L'escroquerie commise par MM. Chaix-d'Est-Ange et Pontalba ne fut condamnée, il est vrai, qu'environ dix-huit mois plus tard ; mais ses auteurs savaient, dès le premier jour, le caractère frauduleux de leur entreprise ; aussi, quand la catastrophe eut suivi le succès de leurs manœuvres, le procureur général, effrayé des conséquences de l'acte qu'il avait favorisé, songea à se garantir de tout recours.

L'éclat des poursuites, les malheurs survenus, les ruines faites donnaient un aspect plus grave aux actes qui avaient précédé et accompagné le payement de la somme extorquée. Cet état de choses, si dangereux pour MM. Chaix-d'Est-Ange père et fils, fut encore aggravé, lorsque M. de Germiny, administrateur judiciaire, et M. Izoard, expert, eurent terminé leurs investigations et dressé un bilan, attestant l'existence du capital social et la régularité des opérations !

Ce résultat n'était pas le seul qui menaçait la sécurité de MM. Chaix-d'Est-Ange père et fils ; car, à côté des constatations faites par MM. de Germiny et Izoard se dressait une ordonnance de non-lieu imminente ; par ce non-lieu le juge d'instruction attestait la nullité délictueuse des griefs dénoncés dans la dénonciation Pontalba !

L'honneur de MM. Chaix-d'Est-Ange, père et fils, allait périr si cette ordonnance était rendue. Le Procureur général y fit obstacle uniquement pour conjurer le danger qui menaçait lui et son fils.

Cet obstacle était-il fondé? Pouvait-il se justifier par ma culpabilité? Évidemment non. De là est venue la nécessité de me faire coupable! De là est venu l'empêchement à l'ordonnance de non-lieu, de là est venu aussi le crime de *forfaiture!*

Le Mémoire justificatif par ses démonstrations ne laisse aucun doute sur la culpabilité de l'ancien procureur général, tant sur le crime de PRÉVARICATION que sur le crime de FORFAITURE.

§

Le troisième crime, celui de faux, fut la conséquence des deux premiers ; c'était un enchaînement inévitable.

Ce crime est démontré avec une précision indiscutable dans le Mémoire justificatif.

§

Votre Excellence voudra bien remarquer que cette affaire, en apparence compliquée, se résume, pour ainsi dire, en une seule question, en un fait matériel : les faux! Ces faux sont tous consignés dans une pièce de l'expertise Monginot, appelée *Annexe principale*.

Vous penserez, M. le ministre, avec tous les amis de l'ordre, que l'honneur du corps judiciaire et la dignité du Sénat veulent qu'une solution précise mette un terme à des débats qui ne sauraient se prolonger sans les plus graves inconvénients.

L'ordre social exige que les grands corps judiciaire et politique soient respectés; or, dans la circonstance, la magistrature et le Sénat ne peuvent conserver l'estime publique que dans l'une ou l'autre de ces alternatives : Poursuivre le sénateur accusé, ou faire sévère justice du citoyen qui aurait porté à la face du Sénat, contre un de ses membres, une accusation calomnieuse de prévarication, de forfaiture et de faux !

§

Les crimes imputés à M. Chaix-d'Est-Ange sont prévus et punis par l'article 185 du code pénal ; commis par le chef de l'administration judiciaire, ils auraient anciennement donné ouverture à la procédure indiquée par l'article 484 du code d'instruction criminelle ; mais actuellement M. Chaix-d'Est-Ange étant revêtu du titre de sénateur, ce titre lui procure les garanties constitutionnelles des dispositions insérées :

1° Dans la constitution du 22 janvier 1852 (art. 54);

2° Dans les sénatus-consultes des 17 juillet 1852 et 13 juin 1858.

Par ces motifs l'exposant demande respectueusement à Votre Excellence qu'il lui plaise procéder aux mesures qui doivent amener la convocation de la haute cour.

Et ce sera justice.

Veuillez agréer, M. le Ministre,

l'expression des sentiments respectueux,

de votre très-humble et très-obéissant serviteur,

J. Mirès.

Paris, le 5 avril 1870.

MÉMOIRE JUSTIFICATIF

DE MA PLAINTE

CONTRE M. CHAIX-D'EST-ANGE

SÉNATEUR

Par J. MIRÈS

A Monsieur CHAIX-D'EST-ANGE, sénateur,
Ancien procureur général près la Cour impériale de Paris.

—

UN PARALLÈLE

Avant de provoquer, pour vous juger, la convocation de la haute cour de justice, j'attendais que la 6e chambre eût statué sur la double plainte de l'expert Monginot en dénonciation calomnieuse et diffamation ; j'espérais qu'un rayon de lumière éclairerait la magistrature, que l'équité triompherait enfin et que la véirfication de l'expertise serait accordée. Je me suis trompé, l'iniquité persiste, elle prend une allure chaque jour plus audacieuse : toute hésitation doit cesser.

Par trois jugements rendus sans examen, voici les condamnations prononcées.

Je suis condamné :

A six mois de prison à la requête de M. Berthelin et des chambres réunies ;

A quatre mois de prison à votre requête ;

A deux mois de prison à la requête de l'expert Monginot.

Sans compter 20,000 fr. d'amende et 25,000 fr. de dommages-intérêts au profit de votre digne expert.

Indépendamment de ces condamnations, le tribunal a frappé M. Halbroon, mon co-gérant, de six mois de prison, et M. Serrière, l'imprimeur, de trois mois !

Et tout cela pour couvrir le crime judiciaire que vous avez commis ! Tout cela pour me punir de défendre mon honneur iniquement atteint !

Nul ne se méprend sur la portée de ces décisions ; elles ont pour but d'exercer sur mon esprit et sur l'esprit de ceux qui marchent avec moi une véritable terreur ; on veut, par la persécution et le découragement, faire taire la conscience qui se révolte, on veut assurer le succès à l'impunité ! On se trompe, et vous l'allez voir !

§

Je vous accuse de prévarication, de forfaiture et de complicité de faux ; je vous accuse, et par une plainte à M. le Garde des

Sceaux, je me propose de réclamer bientôt la réunion de la haute cour de justice.

Je réalise ainsi la pensée des jurisconsultes les plus éminents du Sénat. Pour que vous puissiez intervenir personnellement au débat et me poursuivre en dénonciation calomnieuse, il faut, d'après ces savants conseillers, que vous soyez en présence d'une plainte adressée à une autorité compétente ; cette condition est remplie. Je ne me dissimule pas la gravité de ma démarche; mais le péril ne m'effraye pas : je suis en mesure de prouver mes accusations.

Vous le savez mieux que personne; le succès de mauvais aloi que vous avez obtenu devant le Sénat est dû à l'ignorance où étaient nos arbitres de notre passé à tous deux. Les dispositions eussent été tout autres si la probité de ma vie et de ma carrirèe, et si votre perversité avaient été connues de vos collègues.

Il faut, pour l'honneur du Sénat, que votre conduite et vos méfaits qui vont jusqu'au crime, soient enfin révélés à tous; il faut qu'une éclatante lumière éclaire l'opinion. Voilà ce que j'entends faire au moyen d'une série de lettres dont l'ensemble formora le mémoire justificatif à l'appui de ma plainte.

§

Les outrages de vos collègues, échos de votre mépris affecté, révèlent la profondeur de l'abîme où, par une abominable machination, vous avez su plonger moi, les miens et les intérêts impitoyablement sacrifiés d'abord à l'avidité de votre fils, ensuite au soin de son honneur et du vôtre compromis!

Des sénateurs ont répété après vous, que cinquante années d'un carrière honorable vous protégeaient; ils se sont exprimés en même temps à mon égard avec un outrageant dédain! Je ne reproche cette attitude ni à M. Vuitry ni à M. Béhic, ni enfin à aucun membre de la commission; vos poursuites criminelles ont fait leur jugement; tous ont cru à mon indignité et tous sont dès lors excusables.

Mais cette erreur, vous ne la partagez pas; ma vie et ma carrière vous sont mieux connues qu'à quiconque; vous n'ignorez pas que je puis me présenter le front haut devant les calomnies sous lesquelles la lâche et odieuse spéculation de votre fils a cru m'écraser pour toujours.

Ce que vous savez, il faut que tous le sachent; il faut que l'opinion soit juge entre nous. Votre attitude m'impose d'établir un parallèle scrupuleux; le voici :

§

Sénateur et secrétaire du Sénat, vous êtes un des premiers dans cette assemblée; l'importance de votre situation se traduit par les cinquante mille francs qui rémunèrent votre double fonction.

La foule l'ignore; mais jamais grandeur ne fut plus usurpée que la vôtre. Rien ne la justifie : ni l'éclat de votre carrière au barreau, ni les services rendus à l'intérêt public durant votre passage dans la magistrature, ni enfin la notoriété de votre nom ou de votre famille; je le démontre :

Avocat des causes les moins honorables, vous avez laissé au barreau des souvenirs médiocres. On cite vos accords avec un parricide, et l'on sait la moralité de vos agissements ordinaires comme avocat!

Vous avez été, il est vrai, bâtonnier de l'ordre ; mais deviez-vous cet honneur à un mérite transcendant comme jurisconsulte? Nullement. Le deviez-vous à un grand talent oratoire? Pas davantage. Est-ce à l'intégrité digne et respectée qui honore M. Dufaure? Vous n'oseriez le dire.

Vous avez dû votre élection de bâtonnier à un esprit caustique, plaisant et méchant, mettant en relief quelques médiocres plaidoiries en faveur de quelques mauvaises causes, et cet éclat sans dignité vous fit une certaine notoriété, notoriété tout à fait inférieure à la réputation de tant d'avocats, qu'on ne songe pas à faire sénateurs.

Si les Berryer et les Jules Favre ont, par l'éloquence de leurs discours, mérité la palme académique, vous n'avez jamais pu espérer la même faveur, et la publication de votre défense *Donon-Cadot* indique clairement la latitude sous laquelle s'est exercée, par vous, la profession d'avocat!

§

Si ce passé au barreau ne mérite pas grande estime, il ne saurait, à aucun titre, justifier votre présence au Sénat. Trouvera-t-on cette justification dans vos services à la chose publique pendant que vous remplissiez à Paris les fonctions de procureur général? Nul ne le dira, car ce passage a été marqué par les plus grands malheurs; vous avez fait du parquet de Paris un centre dont l'estime publique s'est retirée!

Sous ce rapport, une réprobation unanime vous atteint au palais; on cite non-seulement des iniquités judiciaires, mais des actes qui ont compromis la dignité de la magistrature.

Ces actes trahissent chez vous les plus tristes, les plus mauvais instincts, car ils ont eu pour but et pour cause d'assurer la condamnation des hommes que le parquet voulait atteindre !

Par l'un de ces actes, vous avez modifié ce qu'on appelle le roulement des chambres de façon à pouvoir les composer à votre guise ! Le nouveau Garde des sceaux, en rapportant cette déplorable mesure, a dit qu'elle était attentatoire à la dignité et à l'indépendance des magistrats !

Par le second acte, vous avez livré les prévenus sans aucune garantie à la tyrannie du parquet dont vous étiez le chef ! Vous avez supprimé les chambres du conseil !

Tels sont, si je puis m'expliquer ainsi, vos actes politiques ; or, quand on les rapproche de vos actes judiciaires, on reste épouvanté de la façon dont vous avez compris votre mission et dont vous en avez, par une perfide préméditation, assuré le succès.

Vous n'étiez plus, au nom de la loi, le magistrat protecteur de l'honneur et de la sécurité des familles, vous vous étiez fait l'exécuteur des œuvres les plus abominables contre toute une classe de citoyens ; œuvre devenue facile à l'abri des changements que vous aviez introduits dans la justice répressive !

C'est sous l'empire de ces changements que tombèrent sous vos coups les Prost, les Reverchon, les Cuzin-Legendre, et enfin la Caisse des chemins de fer. Pour anéantir cet établissement et son gérant, la difficulté fut plus grande ; il vous a fallu recourir à la fabrication de pièces fausses et à la forfaiture ; mais pour les Prost, les Reverchon et les Cuzin-Legendre, le procédé fut moins compliqué. S'emparer de tout et chercher ensuite le délit, tel fut contre eux, comme à mon égard, le premier acte ; la justice, suivant l'expression consacrée, était saisie ; mais la justice, c'était les tribunaux composés par vous, avec des experts de votre choix ; devant ces experts et ces tribunaux la moindre irrégularité se transformait aussitôt en une terrible et, moralement, en une mortelle culpabilité !

§

Ces malheureux sont tombés, et leur vie misérable s'est écoulée dans un mépris immérité dont vous étiez l'implacable inspirateur! Une de ces victimes de votre déplorable administration n'a évité le bagne que par un hasard : par la présence d'esprit, l'énergie du chef du jury! La scène se passe à la cour d'assises... Mais avant de raconter cette odieuse histoire, je dois rappeler ceci :

Vous aviez été longtemps l'avocat de la riche corporation des agents de change; puis devenu procureur général, vous aviez voulu transmettre à votre fils cette fructueuse clientèle; vous ne pûtes l'obtenir.

C'est donc contre un membre de cette corporation que vous allez exercer votre terrible ministère! Peu de temps après votre installation comme procureur général, l'un de cet officiers ministériels comparaissait sur les bancs de la cour d'assises! A quel expert avez-vous confié l'examen des livres de cet officier ministériel ? A Monginot! Quelles instructions lui furent données ? De faire un rapport à charge! Oui, un rapport uniquement à charge, de façon à ce que cet agent de change, l'accusé, fût envoyé au bagne!

Ce n'est pas moi, entendez-bien, qui porte cette accusation contre vous, c'est l'expert Monginot lui-même; cet aveu, il l'a fait en pleine audience sur la question instante et répétée du chef du jury! Il a répondu qu'il ne devait relever que ce qui pouvait compromettre l'accusé! Il avait dissimulé ce qui devait le sauver!

Cette scène honteuse se passait en 1860. A peine l'expert Monginot eût-il avoué l'immoralité de sa mission contre M. Giblain, agent de change, que cet officier ministériel fut aussitôt acquitté;

mais la corporation ressentit de ces poursuites une offense profonde; elle comprit ainsi le tort qu'elle s'était fait en ne réservant pas sa clientèle à votre fils.

Dans cette même année 1860 vint l'affaire Mirès : on y retrouve l'expert Monginot, il reçoit les mêmes instructions !...

Telles furent vos œuvres durant les quelques années que vous avez passées à la tête du parquet de Paris ? Est-ce là ce qui devait vous valoir la haute dignité dont vous êtes revêtu, et ce riche traitement de cinquante mille francs par an ?

§

Etes-vous du moins issu d'une de ces grandes familles qui ont illustré leur pays par leurs travaux ou l'éclat de leurs actions ? A-t-on récompensé en vous la notoriété d'un de ces noms qui sont en quelque sorte le patrimoine de la patrie ? Nullement. Le nom que vous portez ne fut même pas la propriété de votre père ; il se nommait tout simplement Chaix. Par quel procédé a-t-il agrandi ce nom ? Je ne veux pas le rechercher ; je constate qu'aucune grandeur héréditaire dans votre famille n'a mérité la haute faveur dont vous avez été l'objet.

Ainsi, et quel que soit l'aspect sous lequel on envisage votre carrière, votre mérite ou votre famille, on ne trouve nulle part l'ombre d'un prétexte de nature à justifier la haute position que vous occupez et la faveur réellement exceptionnelle dont vous avez été l'objet de la part du gouvernement impérial.

§

Voilà un côté du parallèle, je passe à l'autre :

Tout l'atteste, ma vie, ma carrière et mes affaires justifiaient la confiance, la considération et l'immense crédit que j'avais acquis en 1860, quand je fus anéanti sous l'influence de l'association exécrable formée entre votre fils et son digne client Pontalba.

Né à Bordeaux, en décembre 1809, je n'ai quitté ma ville natale qu'en 1841, pour habiter Paris. Lorsqu'en février 1861 vous me fîtes arrêter et incarcérer au secret, à Mazas, vous avez voulu connaître mes antécédents, et vous vous êtes adressé au magistrat, votre collègue à Bordeaux ; voici sa réponse :

« Monsieur,

« M. Mirès n'a donné lieu à aucune plainte.

« La générosité dont il a fait preuve est parfaitement connue, tout le monde sait qu'il s'est toujours empressé de faire une bonne action et qu'il a secouru des malheureux qui s'étaient adressés à lui.

« Bordeaux, le 9 mars 1861

« Le commissaire central,

« Chauvain. »

De 1841 à 1861, ma vie a été, pour ainsi dire, publique ; elle s'est écoulée à la Bourse de Paris jusqu'en 1848, et à la tête du *Journal des Chemins de fer* et d'une maison de banque jusqu'en 1861.

J'avais alors cinquante et un ans. Quelle présomption de fraude, quels actes fâcheux pouvait-on invoquer pour justifier le concours donné par vous et votre fils à Pontalba ? Quelles réclamations s'étaient produites contre moi ? Aucune. Pas un actionnaire, pas un créancier n'élevaient la voix ; la prospérité de l'établissement que je dirigeais était considérable.

Pour seconder votre fils et Pontalba, pour envahir mes bureaux, poser les scellés sur mes livres et me conduire à Mazas, pouviez-vous au moins arguer que les affaires par moi entreprises fussent suspectes ? Ces affaires, les voici toutes :

1848. — *Journal des Chemins de fer* ;

1849. — Journal l'*Entr'acte*, dont M. Michel Lévy est encore le gérant ;

1850. — Création de la *Caisse des actions réunies*, au capital de cinq millions. Cette société n'a fonctionné que trois années ; après avoir distribué 96 0/0 de dividendes, elle fut liquidée, en 1853, par le remboursement intégral du capital social ;

1851. — Acquisition du *Pays*, appartenant alors à MM. de Bouville et Poriquet, tous deux actuellements préfets de l'Empire ;

1852. — Acquisition du *Constitutionnel ;*

1854. — Acquisition des houillères de Portes et Sénéchas ;

1855. — Création de hauts-fourneaux dans la banlieue de Marseille ;

1855. — Concession de l'éclairage au gaz de la ville de Marseille et constructions d'usines nouvelles ;

1856. — Concession des terrains formant les nouveaux ports de Marseille ;

1856. — Concession de l'emprunt de 800 millions de réaux contracté par l'Espagne ;

1857. — Concession des chemins de fer romains, avec garantie de 6 0/0 d'intérêts accordée par le gouvernement du Saint-Père ;

1859. — Acquisition du chemin de Pampelune à Saragosse. — Cette acquisition avait été déterminée par l'exemple des produits obtenus sur l'exploitation des sections isolées des chemins du Nord de l'Espagne et de Madrid à Saragosse ; malheureusement les recettes publiées par ces compagnies étaient fictives, et je fus ainsi victime de cet abus comme la plupart des capitalistes français !

1860. — Concession d'un emprunt ottoman au capital nominal de 400 millions de francs.

Telles ont été les diverses entreprises fondées et les opérations faites sous mon patronage. En dehors de ces entreprises, mon concours fit-il jamais défaut à la chose publique ! N'est-ce pas grâce à mon activité et à mes publications que l'on vit renaître la confiance dans les chemins de fer ? N'ai-je pas ainsi préparé l'éclosion de prospérité et de confiance qui suivit le 2 décembre ?

N'est-ce pas à mon intervention qu'est due l'inauguration des emprunts publics par l'Etat ? N'est-ce pas à mon intervention encore qu'est dû le doublement, en 1856, du capital de la Banque de France ?

N'est-ce pas de l'initiative dont j'avais donné l'exemple par la création de la *Caisse des actions réunies*, qu'est née la *Société du Crédit Mobilier*, distraite de son but fécond par de déplorables spéculations ?

Et ces éléments de puissance et de capitaux réunis dans mes mains, les ai-je jamais dirigés dans un sens opposé à l'intérêt public ? Ces forces sont toujours restées au service du gouvernement qui ne fit jamais en vain appel à mon dévouement.

En résumé, lorsqu'en 1860 vous et votre fils avez eu la honteuse pensée d'encourager les tentatives de Pontalba, mon crédit rayonnait si puissamment sur les grands marchés de l'Europe, qu'à Londres, le 14 *décembre* 1860, vingt-trois millions de traites à quatre-vingt-dix jours, tirées sur ma maison et arrivées ce même jour de Constantinople, furent escomptées en un clin d'œil à raison de 2 0/0 par an !

§

Vous avez marqué, par la date fatale du 15 *décembre* 1860, une catastrophe épouvantable et inique. J'arrête à ce moment le parallèle entre votre vie et la mienne. Avec une pleine et entière confiance, je pose aux honnêtes gens cette question : Lequel de vous, sénateur et secrétaire du Sénat, ou de moi mérite l'estime publique ?

Bientôt le Sénat connaîtra votre valeur morale, et sa loyauté surprise me rendra alors les sentiments d'estime et de considération que vous avez voulu me ravir, mais que je n'ai jamais cessé de mériter.

Et maintenant, passons aux faits qui justifient ma triple accusation de prévarication, de forfaiture et de faux.

ESCROQUERIE — PRÉVARICATION

—

Vous devenez procureur général en 1856 et vous cédez votre cabinet à votre fils; vous viviez alors en commun et vous allez cumuler le bénéfice de ce cabinet et les émoluments de la haute charge que vous occupez. Votre successeur s'inspirera de vos traditions; il ne s'arrêtera pas à examiner la moralité des affaires et des causes qui lui seront confiées. Aussi, viennent des réclamations comme celles de Pontalba, on les accueillera avec joie, on les soutiendra avec une incroyable ardeur!

Il s'agit d'un tuteur infidèle qui, sans droit et sous le fallacieux prétexte de services rendus comme administrateur, réclame une somme considérable au préjudice de ses pupilles; votre fils accepte sans révolte cette prétention immorale! Le droit absent, Pontalba prétend le remplacer par le chantage; il a trouvé un moyen puissant, c'est d'exploiter l'autorité que vous donnent vos fonctions; votre fils se prête à ce calcul honteux!

Des avoués consultés n'ont pas dissimulé l'immoralité de ce procès; ils ont refusé leur concours; qu'importe à votre fils! Il n'en sera que plus actif pour assurer le succès de son digne client!

C'est en septembre 1860 que se forma cet *honorable* accord. Peu de temps avant, en juillet, mon co-gérant, M. Solar, s'était retiré de la Caisse des chemins de fer; il avait été remplacé par M. Halbronn ; M. Raynouard, secrétaire général de la Caisse des chemins de fer, avait également renoncé à ses fonctions ; M. Auguste Avond, du barreau de Paris, lui avait succédé; enfin, le chef de la comptabilité, Barbet-Devaux, avait dû quitter la Caisse. Votre fils et Pontalba jugèrent que le moment était propice pour leurs desseins.

§

L'entreprise parut tout d'abord facile. M. de Pontalba savait que j'avais plusieurs fois transigé, pour éviter des procès commerciaux, avec les entrepreneurs des chemins de fer romains; il n'avait pas compris que la seule crainte de voir compromis par des débats publics et irritants, soit le crédit de l'entreprise, soit le crédit de la Caisse des chemins de fer, m'avait inspiré dans ces diverses occasions; me jugeant d'après lui-même, il avait attribué ces transactions à de vulgaires sentiments ; aussi avait-il dit : « Ah ! puisque » par la menace de procès on obtient ce que l'on veut de Mirès, » je ne m'en ferai pas faute et je saurai bien le réduire à ma » volonté. » Le voilà donc à l'œuvre avec votre fils; œuvre lamentable ! Union honteuse, non pas du client et de l'avocat, mais de deux complices !

Ils s'étaient dit que le départ de Solar, de Raynouard et de Barbet-Devaux m'avait affaibli; ce dernier était tout à leur dévotion; ils se croyaient sûrs de m'amener promptement à composer, grâce aux renseignements que fournirait mon ancien chef de comptabilité, et grâce aussi à la crainte que je devais, selon eux, ressentir de voir ses renseignements portés à votre connaissance! Ces espérances, c'est dans votre demeure qu'elles naissent; ces procédés, c'est devant vous, à votre foyer, qu'on les invente et qu'on les exécute ; y faites-vous obstacle? Nullement!

Le succès paraissait tellement certain et facile, que voici en quels termes parlait votre fils à M. A. Avond : « Je prépare une » plainte contre Mirès ; elle sera conçue en des termes tellement » précis que, non pas vingt-quatre heures, mais une heure après » l'avoir lue, Mirès se hâtera de payer Pontalba..... » Cette menace, restée infructueuse, sera attestée sous la foi du serment. Est-ce là le langage, est-ce là l'œuvre d'un avocat ou d'un complice?

§

Les conjurés sont gens de ressources ; battus une fois, ils ont recours à un autre moyen ; une lettre est adressée par Barbet-Devaux à Solar le 29 septembre, celui-ci se hâte de la faire parvenir à M. Avond ; voici cette lettre :

Monsieur SOLAR,

M. de Pontalba, malgré mes observations, et je puis dire mes supplications, va, *sur le conseil de M. Chaix-d'Est-Ange*, intenter une action contre M. Mirès... Il veut demander en référé la nomination d'experts pour vérifier les écritures de la Caisse depuis l'origine.

Voyez si vous avez plus d'empire que moi sur le baron et si vous pouvez l'empêcher d'avoir recours à une ligne de conduite aussi violente.

Dans mon opinion, avant quatre jours le dé sera jeté et Dieu sait ce qui arrivera!

BARBET-DEVAUX.

Je relève surtout ces mots : « Dans quatre jours le dé sera jeté » et Dieu sait ce qui arrivera ! » Ces quatre jours donnés pour tout délai expiraient le 4 octobre.

Le 4 octobre, l'action commence; la menace est restée sans effet; il faut passer outre sous peine de perdre le fruit d'un si digne calcul; c'est ce même jour, 4 octobre, que votre fils conduit Pontalba chez l'avocat Sénard. M. Sénard a fixé lui-même à cette date précise, la première visite à lui faite par Pontalba en compagnie de votre fils. Il est donc bien évident que la lettre écrite par Barbet-Devaux, le 20 septembre, avait été concertée entre son auteur, votre fils et Pontalba! Encore une fois, est-ce l'attitude d'un avocat ou d'un complice?

Votre fis et vous-même aviez senti la difficulté de faire soutenir ce procès par l'associé, le successeur, le fils du procureur général! L'indignité de l'acte eût aussitôt éclaté à tous les yeux; il fallait masquer cette situation; voilà pourquoi votre fils dut recourir à Me Sénard; voilà pourquoi il conduisit Pontalba chez cet avocat!

§

Ainsi, les menaces verbales et écrites dirigées par votre fils ont été impuissantes pour m'arracher une concession quelconque; les conjurés, fortifiés par les conseils de Me Sénard, entrent alors en action. Ils ont entre les mains des renseignements fournis par un délateur, par l'ancien chef de la comptabilité, Barbet-Devaux; ils préparent les armes qui doivent consommer ma perte et la ruine des actionnaires! Ils divisent l'attaque en deux parties; ils rédigent d'abord la dénonciation criminelle et ensuite l'assignation civile; ces pièces, véritable tissu de bassesses et d'infamies, vont servir de base à de nouvelles menaces et à de nouvelles tentatives. Ces pièces, forgées dans le mois d'octobre, voient le jour en novembre ; la guerre commence !

Votre fils et Pontalba sont gens avisés ; ils se gardent bien de remettre la dénonciation au procureur impérial ; ils ne veulent pas de cette marche naturelle ; ce qu'ils tentent, c'est une manœuvre et rien de plus ; ils réservent donc la dénonciation pour le garde des sceaux, comptant bien que l'ordre naturel de la hiérarchie vous ferait parvenir cette dénonciation. Ce renvoi à vous, le père d'un des conjurés, c'était le succès.

Liés désormais l'un à l'autre par cette triste complicité, Pontalba et votre fils se rendent ensemble chez le ministre, et déposent entre ses mains ce document calomnieux. Ils se retirent en disant qu'ils reviendront quand le temps aurait permis au garde des sceaux d'en prendre connaissance. Ils reviennent en effet quelques jours plus tard et le ministre leur rend leur factum en refusant d'y donner suite.

Cette dénonciation avait été autographiée et tirée à un certain nombre d'exemplaires ; aussi, pour compléter l'œuvre de chantage, pendant que la communication était faite au ministre de la justice, des copies étaient adressées aux membres du conseil de surveillance de la Caisse des chemins de fer. Connaissance me fut donnée de ce factum menteur ; mais, fort de ma conscience, je le repoussai avec mépris.

Menaces verbales, menaces écrites avaient également échoué, la dénonciation n'avait pas même ébranlé ma résolution ; votre fils, Pontalba et Sénard eurent alors recours au moyen gardé en réserve, l'instance civile ! A la date du 17 novembre, je fus assigné devant le tribunal civil en payement d'une somme considérable.

Cette double attaque, au criminel et au civil, effraya les membres du conseil de surveillance de la Caisse des chemins de fer, non pour eux-mêmes, mais pour les intérêts confiés à leur vigilance. Et cependant pas un ne consentit à subir les honteuses conditions imposées par des moyens plus honteux encore ! Tout cela, monsieur, c'est de l'histoire ; je suis, grâce à Dieu, en mesure de prouver tous les faits que j'avance ; sans cela, en vérité, qui voudrait croire à de si déplorables excès, à l'existence d'aussi exécrables sentiments? Je continue :

§

A cette époque, la Caisse des chemins de fer venait de conclure un emprunt considérable avec le gouvernement ottoman. et un employé de cet établissement avait instruit Pontalba que cet emprunt serait émis le 11 décembre par voie de souscription publique.

Cette communication fut une révélation pour votre fils et pour ses associés. Ils n'eurent plus qu'une idée, la mettre à profit. Comment ? Le moyen est le plus simple du monde : compromettre la souscription ; mettre en péril le crédit de la Caisse des chemins de fer et les intérêts des actionnaires qui ont confié à Pontalba le mandat de les protéger ! C'est l'enfance de l'art, pour ces habiles exploiteurs ! Ils savent que la Société s'est engagée à payer au gouvernement ottoman plusieurs centaines de millions ; ils savent que l'échec de la souscription peut provoquer la ruine des actionnaires !... Aucune considération ne les retient ; ils préparent et tendent leurs trames, comme s'il s'agissait de l'affaire la plus honnête et la plus naturelle !

Et tout cela se prépare, se perpètre, devrais-je dire, chez vous, à votre foyer, sous vos yeux ! Et vous, magistrat, chef du parquet, vous assistiez à ce complot ! Le sens moral est en vous tellement oblitéré, que vous n'éprouvez aucune tristesse en songeant qu'il s'est trouvé au barreau deux avocats pour guider de leur expérience de légistes un tuteur méditant d'escroquer ses pupilles ; et vous ne reculez pas effrayé en songeant qu'un de ces avocats est votre fils, votre élève, votre successeur, votre associé !

Pontalba était bien instruit par ses espions ; la souscription de l'emprunt ottoman est ouverte le 11 décembre ; c'est pour ce même jour, 11 décembre, que la réclamation civile de Pontalba est inscrite au rôle et qu'elle doit être appelée ! Votre fils et Sénard ont calculé l'effet que produira leur diffamation à la barre du tribunal ; ils y aideront au besoin ; c'est le crédit perdu, ils le savent, ils le veulent !

Voici comment cette odieuse manœuvre fut déjouée : le matin du 11 décembre, avant l'audience, M. A. Avond se rend chez le président de la chambre où l'affaire allait être appelée. Il expose à ce magistrat le projet formé par Sénard et consorts contre le succès de l'emprunt otttoman ; M. A. Avond sollicite l'intervention du président pour faire obstacle à cette coupable manœuvre. Ce magistrat, indigné contre le procédé qui lui est révélé, fit appeler l'affaire dès l'ouverture de l'audience et la remit à quinzaine, sans même attendre que Me Sénard fût présent.

§

C'était un échec pour Pontalba et ses complices ; il ne leur restait plus qu'un unique moyen, votre intervention effective et directe. Ce moyen ne leur fera pas défaut, et le 15 décembre, quatre jours après, une descente judiciaire a lieu dans mes bureaux ! L'intervention de la justice, l'apposition des scellés sur mes livres complètent les manœuvres !

Ma résolution fut bientôt prise ; je ne voyais qu'un parti à adopter, placer les intérêts de mes actionnaires sous la protection de la justice consulaire, et en conséquence, dès le lundi 17, je voulais déposer mon bilan au greffe du tribunal de commerce. Par ce dépôt, je saisissais l'opinion de cette affaire, et je faisais peser sur mes accusateurs et leurs complices la responsabilité des ruines, et la juste réprobation qu'ils ont méritée!

Vous n'avez pas ignoré que les membres du conseil de surveillance m'arrêtèrent dans cette voie. Le dimanche 16 décembre au matin, un mot de l'Empereur au garde des sceaux recommandait de suspendre les poursuites. En présence du vœu exprimé par l'Empereur, M. Delangle crut devoir émettre cet avis, que si Pontalba était désintéressé, nulle poursuite ne serait donnée au procès!

Cette transaction était funeste, je la repoussai; mais une sombre terreur s'était répandue autour de moi! Je voyais s'anéantir un grand établissement en pleine prospérité; je voyais périr cette belle opération de l'emprunt ottoman; j'étais assiégé par ma famille qu'effrayaient vos violences. J'entrevis l'espérance de tout conjurer par un sacrifice; mon dévouement à mes actionnaires fut plus fort que la conscience de mon droit et je consentis à subir les conditions imposées par Pontalba et votre fils. Toutefois, je demandai préalablement une garantie effective pour les intérêts que je représentais; je voulais, avant tout payement, une ordonnance de non-lieu.

Membres du conseil et avocats, tous partagèrent mon sentiment, et Me Mathieu, alors mon avocat, fut chargé de demander au garde des sceaux cette ordonnance de non-lieu. La réponse de M. Delangle fut catégorique : « M. Mirès est fou, la parole du » garde des sceaux vaut mieux qu'une ordonnance de non-lieu. » Vous savez mieux que personne ce que valait cette parole; elle fut violée quelques jours après, le 25 décembre! Ce jour, un mandat d'arrêt était lancé contre moi!... Ma perte était jurée, les intérêts que j'abritais devaient périr!...

Cette trahison du parquet n'avait pas été prévue; aussi, plein de confiance dans l'engagement formel du garde des sceaux, dont Me Mathieu devait être le garant, le conseil de surveillance avait-il insisté pour qu'une transaction fût faite sur-le-champ avec Pontalba.

§

Je ne veux pas moi-même raconter comment se fit cette transaction, le payement qui suivit et la levée des scellés qui en fut la conséquence ; votre rôle apparaît ici sous un si triste aspect que je laisse la parole à deux avocats : MM. Benoit-Champy fils et Lefebvre. Chargés de poursuivre Pontalba devant le tribunal civil en restitution de la somme escroquée de complicité avec votre fils, ces avocats racontent ainsi la transaction, le payement et la levée des scellés :

« Les dates deviennent très-significatives, disent MM. Benoît-« Champy et Lefebvre, et *révèlent à elles seules* toute l'importance « des faits.

« LE QUINZE DÉCEMBRE

« Une descente judiciaire était faite chez M. Mirès ;

« LE SEIZE DÉCEMBRE

« Intervenait la transaction qui fait l'objet du procès ;

« LE DIX-SEPT DÉCEMBRE

« M. de Pontalba signifiait le désistement de sa plainte ;

« LE DIX-HUIT DÉCEMBRE

« M. Mirès payait M. de Pontalba ;

« LE DIX-NEUF DÉCEMBRE

« La justice levait les scellés apposés chez M. Mirès ! »

Vous n'aviez fait lever les scellés qu'après le payement ! Et ce payement exigé le pistolet sur la gorge, à quel chiffre s'élève-t-il ?

D'abord Pontalba et ses complices ne demandaient que la quitance du compte courant et de l'hypothèque prise sur le domaine de Mont-l'Évêque, soit environ 1,500,000 francs; mais après la descente judiciaire, lorsque votre concours a livré sans protection ni défense tant d'intérêts, les conjurés ne se gênent plus, ils veulent, en outre, 200,000 francs en espèces! Ces 200,000 francs sont payés, et, sur cette somme, 25 0/0 ou 50,000 francs sont attribués à votre fils et à son digne collègue, M. Sénard.

Mais un jour, le 28 août 1862, une décision fatale pour vous et votre fils fut rendue; par cette décision, le tribunal civil condamne Pontalba à restituer cette double somme « qu'il n'avait obtenue, dit le jugement, que par des menaces, par la violence et par la fraude. » Ce jugement était une accusation contre vous et contre votre fils!

J'arrête ici la démonstration de l'escroquerie commise par votre fils et de la PRÉVARICATION dont vous vous êtes rendu coupable en le secondant. Cette culpabilité qui vous étreint, pouvez-vous la nier? Pouvez-vous la nier, lorsqu'on vous voit pour une cause honteuse sacrifier tant d'intérêts et anéantir un grand établissement en plein crédit, contre lequel ne s'élevait aucune réclamation ni d'un créancier, ni d'un actionnaire?

FORFAITURE

—

Le concours intéressé prêté à votre fils et à Pontalba devait fatalement vous conduire au crime, lorsqu'apparaîtrait la probité de ma gestion ! Vous aviez encouru de si terribles responsabilités, que ma loyauté attestée, le crime s'imposait à vous par un irrésistible enchaînement.

La descente judiciaire et le payement extorqué forment la première phase de ce drame judiciaire. J'étais résolu à poursuivre la restitution dés sommes obtenues avec votre concours ! Des indiscrétions vous l'avaient appris, et vous trembliez en pensant que mes légitimes revendications allaient révéler votre complicité.

Pendant les deux mois qui séparent la descente judiciaire de mon arrestation, votre unique préoccupation sera de provoquer sous mes pas des embarras nouveaux, de m'absorber à tel point qu'il me soit impossible de réparer le mal que vous avez déjà fait à mon établissement et à mon crédit. Ce crédit, ébranlé par vos poursuites, il faut en précipiter la chute ! Vous comptez étouffer ma voix sous les ruines : vous voulez ces ruines à tout prix ; vous y mettez une ardeur inouïe. Mes efforts pour rendre à ma signature son prestige, à ma Société son influence financière, vos paroles, vos insinuations, vos airs méprisants savamment combinés y feront obstacle. Votre intérêt et la sécurité de votre famille exigent mon anéantissement, je serai anéanti !

Vous connaissez hommes et choses ; vous savez qu'un banquier, fût-ce le plus puissant, ne pourra résister à une accusation criminelle, ni à la menace d'une arrestation préventive ! Ce moyen terrible ne vous fait pas hésiter ; vous êtes dans une voie où l'on ne s'arrête plus. Deux circonstances ont mis en relief vos intentions.

Dans les premiers jours de janvier 1861, à un dîner donné par la princesse X, vous affirmiez hautement que je serais bientôt arrêté !... Voilà la première circonstance.

Voici la seconde : Pour réduire le poids de mes engagements et conserver néanmoins à ma Société une participation avantageuse dans l'emprunt ottoman, j'avais posé, avec quelques banquiers, les bases d'un traité par lequel je leur transmettais la majeure partie de cet emprunt. Or, votre intervention seule fit avorter ce projet ; vous avez engagé l'un des contractants à s'abstenir de toute convention avec moi, attendu que vous vous disposiez à me faire arrêter ! *J'étais votre proie !* disiez-vous.

Ces faits seront attestés ; ils prouvent quels étaient vos sentiments à mon égard, votre parti-pris ; ce parti-pris éclate !

§

Le 17 février 1861, je suis arrêté et conduit à Mazas ! Aucune plainte, aucune réclamation, je le répète et je le répéterai toujours, ne s'était élevée contre moi ; le désistement et le payement Pontalba avait effacé ce fallacieux prétexte ; mais vous vous préoccupiez bien de motifs et de prétextes ! Il fallait sauver votre fils et vous-même, compromis tous deux avec le tuteur infidèle. Moi libre, moi sans entraves et à la tête de mes affaires, c'était la honte pour vous et vous trembliez à cette pensée ! Ma destruction seule pouvait vous rendre la sécurité perdue !

Mon arrestation et l'acte qui suit, marquent le procès d'un caractère indélébile. Mon arrestation ne laissait point la Caisse des chemins de fer sans représentants légaux ; la Société avait deux gérants, et comme il n'existait ni protêt, ni assignation, ni réclamation quelconque, il en résultait que le co-gérant, M. Halbronn, allait administrer avec le concours du conseil de surveillance ; rien ne s'opposait donc à la marche légale de ma société.

Ce n'était point ainsi que vous l'entendiez ! Et comment seriez-vous parvenu à me faire coupable si M. Halbronn fût resté le gérant? Vous ne pouviez aussi librement pénétrer dans cet établissement en plein exercice et chercher dans les livres, dans les papiers les documents d'une poursuite quelconque, votre justification, en un mot! La dénonciation Pontalba ne vous fournissant pas des éléments certains de culpabilité, vous espériez trouver ces éléments en devenant le maître chez moi.

En conséquence, et sur votre ordre, M. Cordoën, procureur impérial, fait appeler M. A. Avond et lui signifie que si M. Halbronn ne donne pas sa démission, il le fera arrêter ! Sur quel motif cette menace était-elle proférée ? M. Halbronn, ne faisait pas partie de l'administration à l'époque où se passaient les prétendus délits signalés dans la dénonciation, il n'était même pas nommé dans cette dénonciation ! Rien ne vous retient !

Cette menace n'avait qu'un but : décapiter la société pour vous en rentre maître ! Elle eut l'effet que vous aviez prévu ! J'étais au secret ; M. Halbronn, ne pouvant recevoir mes avis, crut, par cette déférence, calmer vos colères ! Il donna sa démission ; vous y comptiez ; tout était prêt pour en profiter ; à peine la place est-elle vidée, que M. de Germiny est nommé administrateur — judiciaire !

§

Vous voilà installé chez moi; le succès de vos poursuites ne fait plus un doute pour vous ; conformément à l'usage, le juge d'instruction a nommé trois experts, MM. Izoard, Van Hymbeck et Monginot.

Vous êtes à cette heure tellement convaincu de ma culpabilité, que le choix des experts ne vous préoccupe pas, et vous laissez nommer des hommes honorables tels que MM. Izoard et Van Hymbeck; mais bientôt la vérité éclatera, la probité de ma gestion sera affirmée! Alors, l'honnêteté de MM. Izoard et Van Hymbeck vous effrayera ! vous les écarterez !

Inspecteur des finances et délégué par son ministre, en même temps qu'il fait fonction d'expert, M. Izoard, sur les ordres et avec le concours de M. de Germiny, dresse l'inventaire de la société. Pour faire cette œuvre, MM. de Germiny et Izoard doivent tout connaître ; ils étudient la comptabilité, font les plus minutieuses investigations, et au bout de six semaines, à la fin du mois de mars, ils remettent un bilan attestant la régularité des opérations et l'existence intégrale du capital social!

Cette constatation vous glace d'épouvante! A ce moment vous tentez de noyer dans une catastrophe commerciale, dans une faillite, les responsabilités que vous et votre fils avez encourues ! Cette tentative échoue devant la double résistance de MM. de Germiny et Izoard qui ne pouvaient, sans trahison, solliciter le déshonneur d'une société commerciale en possession de tout son actif!

§

Les constatations faites par MM. de Germiny et Izoard, l'absence de toute réclamation et le néant des griefs invoqués dans la dénonciation Pontalba, décident le juge d'instruction à proposer une ordonnance de non-lieu! Ce résultat, c'est la mort pour vous et pour votre fils! Tous ces malheurs, ces ruines que vous avez faits sont sans cause! Voilà ce que le public va apprendre; voilà quel sera le sens de l'ordonnance de non-lieu! Mirès arrêté, Halbronn démissionnaire forcé, le crédit tué, les actionnaires ruinés, et il n'y a rien! C'était à perdre la tête, n'est-ce pas? et vous l'avez perdue; c'est l'enchaînement fatal du crime; vous recourez *à la forfaiture et au faux!*

Vous, procureur général, vous chargé par la loi de protéger l'honneur, la sécurité, la fortune des familles, vous allez faire obstacle à l'ordonnance de non-lieu qui ne pouvait plus, cependant, réparer qu'une partie du mal, votre œuvre! Vous allez abuser de votre autorité sur le parquet et sur le juge d'instruction pour empêcher cette ordonnance; vous allez exiger du parquet de Paris qu'il se fasse le complice d'un crime judiciaire qui le couvrira de honte!

Une des tristesses du temps, une preuve irrécusable de l'affaiblissement des caractères à notre époque, ce sont les complaisances que vous rencontrerez!

Selon votre désir, le juge renonce à l'ordonnance de non-lieu, et, suivant vos inspirations, il donne à l'instruction une direction opposée!

Telle est votre FORFAITURE; je suis en mesure de faire la preuve que cette ordonnance de non-lieu fut proposée; je suis en mesure de prouver que seul, au parquet, vous y avez fait obstacle!

LES FAUX

Préparatifs

Pour me faire condamner, il ne suffisait pas de supprimer l'ordonnance de non-lieu, il fallait encore, et surtout, fabriquer ma culpabilité ; c'est à cette œuvre que vont s'appliquer vos efforts.

La situation à ce moment ne laisse pas que d'être compliquée ; le bilan rédigé par MM. de Germiny et Izoard accroît vos difficultés ; ce bilan atteste l'existence du capital social. Ce résultat est sanctionné dans une réunion pour ainsi dire solennelle dont voici la composition :

M. de Germiny, gouverneur de la Banque de France et administrateur-judiciaire ;

MM. Izoard et Van Hymbeck, experts nommés par l'ordonnance du juge d'instruction ;

MM. le comte Siméon, le comte de Chassepot, le comte de Poret, membres du conseil de surveillance ;

M. Halbronn, co-gérant ;

MM. Petit-Bergonz et Castagniet, avoués ;

Vous remarquerez que, parmi ce personnel honorable, n'a pas été admis votre expert de prédilection, le sieur Monginot !

Les attestations de MM. de Germiny et Izoard, ma gestion loyale, l'ordonnance de non-lieu, la défense et la publicité que cette défense doit amener, voilà les éléments protecteurs qu'avec une audace peu commune vous prétendrez annuler! Vous osez, devant l'évidence même, entreprendre de me faire coupable; et, ce qui est inconcevable, vous réussirez! Il faut suivre pas à pas votre travail occulte pour mesurer la profondeur de votre duplicité! Vos préparatifs veulent être connus.

MM. de Germiny et Izoard vous embarrassent; vous les écarterez. Les honnêtes gens sont de trop pour le coup que vous méditez; les principaux experts partis ou annulés, l'expert Monginot demeure seul! Il sera le docile exécuteur du plan que vous avez conçu!

A côté de cet agent principal, vous saurez grouper des concours indispensables; il vous faut des instruments prêts à tout faire, vous saurez les découvrir et les mettre en fonctions.

J'ai dit que vous n'aviez pu obtenir la mise en faillite de ma société, et par suite en faire passer l'administration aux mains d'un *agent d'affaires* sous le nom de *syndic;* vous parez à cet échec en faisant prononcer sa liquidation! Aux termes des statuts, la loi des parties, je suis de droit le liquidateur; vous ne tenez aucun compte ni de mes droits ni de la loi; vous me repoussez et vous placez cette liquidation entre les mains de deux *agents d'affaires* décorés du nom de *liquidateurs.*

Les sympathies de mes actionnaires vous étaient cependant connues; vous saviez qu'elles m'avaient suivi jusqu'à Mazas; cette dépossession n'était donc pas seulement une violation de la loi, elle était inique à mon égard et odieuse pour mes actionnaires; que vous importe? Il faut la liquidation entre les mains de vos exécuteurs. Un jugement en date du 4 avril vous donne pleine satisfaction, et nomme deux auxiliaires selon votre cœur, MM. Bordeaux et Richardière!

§

Les premiers actes de ces liquidateurs ne laissent aucun doute sur la source où ils puisent leurs inspirations; votre esprit se trahit tout d'abord ; ils dressent un inventaire à leur façon ; cet inventaire atteste une perte de 42 millions sur le capital de 50 millions ! Cette perte est un mensonge prouvé par les livres et par d'honorables attestations ; mais il s'agit bien de vérités dans cette affaire ! Le démenti donné à l'inventaire dressé par MM. de Germiny et Izoard est indispensable pour couvrir votre responsabilité en face de l'opinion ; on ne pourra pas dire que vous avez tué une société en possession de son capital ! Cela ne vous suffit pas ; vos agents font disparaître les traces de l'inventaire qui vous blesse ; quatre exemplaires en ont été rédigés; ils sont soustraits et je n'ai jamais pu en obtenir une copie !

Ces liquidateurs vous secondent encore sur un autre point : Pour le succès de vos projets, il importe que ma défense soit entravée ; un des moyens consiste à me priver des resssources nécessaires ; vos liquidateurs ne négligent rien pour y parvenir. Ils font, entre les mains du préfct de la Seine, opposition à l'indemnité attribuée par le jury, pour l'expropriation du jardin dépendant de mon unique maison. Leur persécution va plus loin ; les livres attestent qu'à la fin de décembre 1860 j'ai réalisé mes valeurs mobilières et que j'en ai versé le montant dans la caisse sociale ; cet acte de dévouement ne touche ni vous, ni votre fils, ni vos agents, tous sont impitoyables ! Les livres prouvent que je suis créancier d'une somme considérable ! Qu'est-ce que cela peut faire ? Vos acolytes obtiennent du tribunal de commerce un jugement qui me condamne, sur une créance imaginaire, à fournir une provision de 1,700,000 francs! Armés de ce jugement, mes propres liquidateurs saisissent les loyers de ma maison et me privent de cet unique débris de ma fortune anéantie dans la catastrophe! Vos agents vous sont fidèles; ils favorisent votre plan et dégagent votre responsabilité!

Désormais vous êtes bien le maître chez moi; votre agent Monginot représente la partie criminelle; vos liquidateurs la partie commerciale, et vous me tenez la plupart du temps au secret! Je suis enlacé; vous pourrez frapper sans crainte, tous les coups porteront!

§

Il est facile de préciser le moment où le complot se forma. Il coïncide avec la suppression de l'ordonnance de non-lieu, le départ de MM. de Germiny et Izoard, et la nomination des liquidateurs, c'est-à-dire aux premiers jours d'avril.

Au début de l'instruction, nul ne s'était avisé, après examen des livres, d'inventer la soi-disant escroquerie commise contre trois cent trente-trois clients de ma Société. Mais quand l'ordonnance de non-lieu est rejetée, quand l'expert Monginot est seul, quand est faite la nomination des liquidateurs, alors s'exécute le plan de me faire coupable, et comme vous y avez compté, les agents sans scrupule que vous avez appelés secondent avec zèle votre criminel dessein!...

Le premier fruit de ces concours abjects est une instruction sans contrôle et un acte d'accusation sans pudeur. Je dois dire les faits multiples mis en avant pour tromper le public sur ma prétendue culpabilité. Voici les griefs :

1er grief. — J'avais acheté pour le compte social, au prix de 145,000 fr. le kilomètre, un chemin de fer d'une étendue d'environ 180 kilomètres; le bénéfice s'élevait à 10 millions environ; ce bénéfice exclusivement attribué aux actionnaires, avait été sanctionné par une ordonnance royale de la reine d'Espagne; cette ordonnance avait autorisé l'apport du chemin à 200,000 fr. par kilomètre. Les gérants n'avaient rien prélevé sur ce bénéfice; pourquoi incriminer ce fait ?

Hélas! il fallait égarer l'esprit public irrité par vos poursuites ! Il fallait, par un acte d'accusation renfermant de nombreux reproches à ma gestion et par un bénéfice mal défini de 10 millions, surprendre l'opinion et la préparer à la condamnation dont vous et votre fils aviez besoin !

2e GRIEF. — J'avais, en 1857 et 1858, vendu des actions de la Caisse pour satisfaire aux besoins sociaux; puis, pour favoriser le crédit social, j'avais racheté ces titres lorsque la Caisse des chemins de fer faisait des émissions; la double opération faite dans l'intérêt social n'avait donné ni au gérant ni à la Société aucun bénéfice. Cependant l'expert Monginot et le juge d'instruction, copiant servilement la dénonciation, soutenaient faussement que les gérants, pour faire personnellement un bénéfice, avaient profité de ces ventes et de ces rachats.

Ce grief, rapproché de celui relatif aux dividendes fictifs, a ce caractère curieux : J'étais en même temps accusé d'avoir fait la baisse sur les actions de la Caisse pour les racheter à vil prix, et d'avoir fait une hausse factice sur ces mêmes actions, en distribuant des dividendes fictifs ! Incroyable contradiction ! les deux accusations se réfutaient l'une par l'autre ! Mais le public n'examinait pas attentivement; l'effet était produit. Et vous trouverez des magistrats pour admettre ces contradictions, et pour les inscrire effrontément dans leur jugement !

3e GRIEF. — *Les dividendes fictifs.* — En 1858, 1859 et 1860, il n'a été distribué aux actionnaires que l'intérêt à 5 0/0 du capital versé; si ces dividendes avaient été fictifs, le capital n'eût pas été intact en 1861, lorsque vous et votre fils avez voulu ma ruine et celle de mes actionnaires !

Il faut que l'opinion sache la moralité des décisions rendues contre moi, par les magistrats qui siégent à la 6e chambre ! Je cite, comme exemple, le dividende pour l'année 1859 :

La Caisse avait fait un bénéfice de dix millions sur un chemin de fer ; ce bénéfice était définitif, il était en portefeuille; les actions représentant ce bénéfice furent vendues le 31 mars 1860 ; cependant la 6e chambre, présidée par M. Massé, a condamné, comme dividende fictif, l'intérêt à 5 0/0 attribué au capital social, intérêt montant à une somme de deux millions cinq cent mille francs ! Et pourquoi ? Parce que le 31 décembre 1859, la vente des titres n'était pas encore faite !...

4e GRIEF. — Celui-ci serait le plus grave, s'il était fondé; anéanti par la cour de Douai, il est, du reste, le seul qui ait survécu pour les tribunaux de Paris ; il s'appelle : l'escroquerie ! C'est pour créer ce grief, que sous votre inspiration et avec votre complicité l'expert a accompli des faux !

Je délaisserai l'acte d'accusation, je ne détournerai pas l'attention des faits constitutifs du crime de faux dont je vous accuse. Du reste, les délits relatifs aux dix millions et aux actions de la Caisse, malgré la bonne volonté des magistrats de votre choix, n'ont pu soutenir la discussion publique, et quant aux prétendus dividendes fictifs, ils ne jouent qu'un rôle ridicule ou insignifiant. Ma discussion se concentrera donc uniquement sur la seule question qui ait survécu, grâce à l'arrêt dans l'intérêt de la loi, sur l'escroquerie ! Délit ignoble, effacé par la cour de Douai, délit que vous avez créé au moyen des faux imposés à l'expert Monginot.

§

L'ordonnance du juge d'instruction a nommé trois experts. Vous supprimez cette disposition de l'ordonnance et vous confiez la partie principale de ce travail à un seul expert, à M. Monginot ! Comme on le suppose, vous ne me donnez aucun avis d'un changement aussi grave !

M. Monginot, selon votre volonté, fait son expertise avec l'unique concours du délateur, Barbet-Devaux ; selon votre volonté encore, il ne me voit pas une seule fois, ne me demande aucun renseignement ni éclaircissement? Il vous obéit et fait un rapport uniquement à charge? Il copie servilement le travail de votre fils, la dénonciation! et, naturellement, me dit coupable sur tous les chefs!

Le juge d'instruction approuve tout; le parquet que vous dirigez fait de même, et bientôt après le tribunal, que, grâce au roulement, vous avez habilement composé, condamne tout! Et voilà comment se fabrique un crime judiciaire!

Pour assurer le mystère à l'instruction et aux œuvres de l'expert, vous me tenez la plupart du temps au secret! On le lève, on le rétablit selon les besoins du parquet, car il ne faut à aucun prix que je soupçonne l'infernale machination organisée?

La nécessité de me tenir dans l'ignorance de tout est telle, que voici ce qui est arrivé : Je suis malade, le parquet envoie à Mazas, pour me visiter, son médecin habituel, M. Tardieu ; le rapport de ce médecin conclut qu'un changement d'air est nécessaire et que je dois être conduit dans une maison de santé. Le gouvernement est disposé à autoriser cette translation! vous vous y opposez et vous menacez de donner votre démission si on l'accorde! Vous tremblez à la pensée de ma défense libre; vous tremblez en songeant que je pourrais connaître les pièces fabriquées? On cède; la question d'humanité et les recommandations du médecin restent impuissantes devant vos menaces! Ah! ma mort, convenez-en, eût bien arrangé vos affaires! J'ai survécu, et, je l'espère, le crime que vous avez commis ne restera pas impuni!

§

Effrayé des ruines accumulées qui se chiffraient par des centaines de millions; effrayé d'une catastrophe qui, par son importance, prenait les proportions d'un malheur public; effrayé aussi de la responsabilité que faisait peser sur vous la liquidation arbitraire que vous aviez voulue, vous redoutiez par-dessus tout ma mise en liberté, et vous cherchiez par quel procédé vous pourriez me retenir en prison, dans le cas où échouerait votre accusation d'escroquerie. Vous confiez ce soin à M. Daniel, juge d'instruction; celui-ci m'outragera avec persévérance au cours de l'interrogatoire; ces outrages, vous l'espérez, me pousseront à répondre par des injures, peut-être par des voies de fait. Alors le tour était joué!... Ma femme, prévenue de ce projet, vint aussitôt à Mazas m'en avertir et me recommanda le calme. « Ils ne savent, me « dit-elle, comment arriver à une condamnation, et ils cherchent « un prétexte pour te retenir en prison. »

Cette intention m'apparut bientôt clairement durant les interrogatoires que M. Daniel me fit subir; ce juge m'accablait d'outrages; ses questions étaient accompagnées des épithètes les plus dégradantes; les expressions d'escroquerie, de fraude, etc., se répétaient sans cesse! C'était une douloureuse épreuve et une honte pour l'humanité; mais je tins bon. Ce magistrat était surpris de mon calme, il ignorait que j'avais été averti de ses provocations; il ne comprenait pas qu'elles fussent impuissantes pour m'arracher l'imprudence attendue!

§

D'autres symptômes encore attestent l'effroi que vous inspirait tout ce qui pouvait éclairer l'instruction d'une lumière favorable à ma cause.

Je signalerai d'abord l'abus sans nom que vous avez commis à l'égard des membres du conseil de surveillance ; ces hommes probes parmi les plus probes, ces hommes considérables si estimés, vous les déclarez, *par votre seule autorité*, *coupables d'avoir sciemment* laissé accomplir des actes délictueux ! vous les traduisez devant la police correctionnelle *sans qu'ils eussent jamais été entendus !* C'était l'odieux et l'inique portés à leur plus haute puissance ; mais, je le reconnais, cette conduite vous était inspirée par votre situation : il fallait à tout prix qu'aucun témoignage favorable ne vînt déranger votre plan.

Les scandales de cette nature furent nombreux durant l'instruction. M. Léon Duval, l'avocat du comte Siméon, signala encore celui-ci, non moins audacieux : la publicité illégale donnée à la citation qui appelait sur les bancs de la police correctionnelle les membres du conseil de surveillance. L'indignation se peignit sur tous les visages lorsque cet honorable avocat vous reprocha personnellement cette publicité :

« La citation donnée, disait cet avocat, était infamante ! Elle a été publiée dans les journaux avant l'ouverture des débats, et par conséquent en contravention avec la loi ! La citation courait le monde avant que Mirès eût comparu sur ces bancs !

« Vainement la loi et la conscience publique ont crié contre ces abus. *Le ministère public ne s'en est pas ému :* bientôt l'événement a prouvé combien ces sortes de citations peuvent être cruelles ;

l'instruction commencée le 15 décembre, avait abouti, le 1er juin, à une citation pour le 6 du même mois !

« C'était un travail de cinq mois qu'il fallait étudier en cinq jours ! »

Et, avec une ironie sanglante, Me Léon Duval ajoutait :

M. LE PROCUREUR GÉNÉRAL DANS SA SOLLICITUDE POUR LA DÉFENSE, A COMPRIS QUE C'ÉTAIT UN OUBLI.

Ainsi, dans les débats publics, à la face des juges, c'est au procureur général, c'est à vous qu'on reproche ouvertement la violation du droit, l'offense flagrante à l'équité ! Et c'était justice ! Vous seul aviez un intérêt personnel : votre honneur compromis !...

Il était utile de mettre en saillie le caractère ténébreux de l'instruction et vos préparatifs pour consommer le crime de faux, afin de démasquer vos efforts pour empêcher tout contrôle, tout examen, et pour étouffer la lumière !

Cet examen que vous redoutez, vous avez su jusqu'à ce jour l'empêcher, et, pour seconder vos desseins, vous avez rencontré dans la magistrature des concours déplorables ; malgré les obstacles multiples qui se dressent, l'examen redouté aura lieu, et il vous couvrira d'une honte méritée.

J'arrive maintenant aux faux.

LES FAUX

—

Exécution

Au moment de passer à l'exécution des faux, je résume les préparatifs dont vous avez fait précéder ce crime :

Suppression de l'ordonnance de non-lieu ; départ de MM. de Germiny et Izoard ; nomination d'agents à votre dévotion sous le nom de liquidateurs ; enfin, attribution à l'expert Van Hymbeck de l'examen des questions de dividendes et, par suite, réserve exclusive à l'expert Monginot du soin de me faire condamner pour abus de confiance et escroquerie ! Ces précautions prises, l'exécution des faux devient plus facile.

Le 30 mai, l'instruction est finie ; le même jour, votre expert, Monginot, dépose son rapport ! Vous me faites assigner pour le 5 juin devant la sixième chambre ! Pourquoi cette précipitation ? Toujours la préoccupation de m'empêcher, par tous les moyens possibles, de connaître les pièces ? Une remise à quinzaine est pourtant accordée par le tribunal ; mais vous êtes en éveil et vous savez faire naître assez de difficultés de détail, pour qu'il me soit impossible de vérifier l'expertise ! Vous refusez d'abord de m'autoriser à me rendre dans les bureaux de la Caisse des chemins de fer, pour y puiser les éléments indispensables de contrôle, et vous me faites perdre dans ces négociations la plus grande partie de la remise consentie par le tribunal ! Quelle honteuse habileté !

Puis, quand il ne vous est plus possible de refuser l'autorisation d'aller dans mes bureaux, vous avez soin d'entourer mon transfert des précautions usitées à l'égard des plus vils malfaiteurs! Non-seulement je serai accompagné par des agents de police qui ne me quitteront pas, mais il est en outre stipulé qu'un avocat sera présent dans la pièce où je travaillerai! Je ne pourrai voir ni ma femme, ni ma fille, ni mon gendre! C'est ainsi que vous entendez la liberté de la défense!

Votre attitude se fût expliquée, à la rigueur, si j'avais été un inconnu pour vous ; mais les renseignements puisés à Bordeaux vous avaient appris l'honorabilité de mes antécédents, et l'ordonnance de non-lieu que vous aviez empêchée vous avait montré la probité de ma gestion! Vos précautions semblaient craindre une fuite! Elles n'étaient qu'un moyen nouveau, une manœuvre destinée à donner le change à l'opinion. Vous vouliez aussi réduire considérablement le temps déjà si court qui m'était laissé pour contrôler le volumineux travail de votre expert! Vous saviez le caractère éphémère de vos accusations et vous redoutiez la lumière; voilà l'explication de votre conduite.

On a dit de certains magistrats qu'ils feraient pendre un homme avec quatre lignes inoffensives de son écriture... Vous avez fait plus : de l'acte le plus loyal, le plus honnête que jamais homme ait accompli, vous avez fait une escroquerie! Cet acte, jugé honorable par la cour de Douai, et qui va servir de prétexte à tant de scandales, de malheurs et de ruines, cet acte avait été apprécié par le juge d'instruction lorsqu'il proposait une ordonnance de non-lieu! le voici :

§

Les 30 avril, 2 et 3 mai 1859, les gérants de la Caisse des chemins de fer, convaincus que la guerre engagée en Italie deviendrait générale, et préoccupés des intérêts de leurs clients, eurent la prévoyante pensée de liquider d'office trois cent trente-trois de ces clients, généralement débiteurs de sommes plus considérables que la valeur de leurs titres. En conséquence, il fut adressé à chacun d'eux une lettre ainsi conçue :

Paris, le 30 avril 1869.

« Monsieur,

« Dans les circonstances actuelles, et en présence d'événements qui peuvent encore s'aggraver, il nous a paru prudent, pour vous comme pour les intérêts que nous représentons, de vendre à la Bourse de ce jour les valeurs dont le bordereau est ci-contre.

« Dans la prévision d'une baisse générale plus forte, veuillez nous adresser l'autorisation de reprendre ces valeurs au mieux de vos intérêts. Vous pouvez compter que nous nous préoccuperons de votre situation, et que nous mettrons nos soins à saisir le moment opportun où vous pourrez rentrer dans ces valeurs avec sécurité et avantage.

« Pour J. Mirès et Ce,

« E. Malahar. »

Le reproche *légal* adressé à cette mesure consiste en ce seul point, que la vente n'avait pas été précédée d'une mise en demeure; or, cette mise en demeure eût eu précisément pour effet de rendre ces clients sans droit, tandis que l'absence de cette précaution leur assurait le bénéfice de la baisse si la guerre s'aggravait, et le bénéfice de la hausse si cette hausse survenait, puisque les clients pouvaient répudier la vente, comme faite sans autorisation spéciale.

Indépendamment de cette considération décisive sur le caractère moral de l'acte transformé en escroquerie, le juge d'instruction avait constaté les points suivants : que la Société de la Caisse des chemins de fer fut fondée par M. Ad. Blaise (des Vosges) ; que dès avant ma gestion, M. Blaise avait organisé le système d'avances *en compte courant sur nantissements et sur dépôts;* le juge avait reconnu qu'en succédant à M. Blaise, j'avais fait modifier les statuts et *que les prêts sur nantissements avaient été supprimés!*

Ce juge n'ignorait pas que, pour constituer le nantissement, il fallait un contrat, un acte avec date certaine. Or, en dehors des statuts qui excluaient le nantissement, il n'y avait ni acte, ni enregistrement, ni aucun des éléments constitutifs de cette nature de contrat!

Le juge avait encore constaté que le récépissé des titres délivré aux clients, ne mentionnait pas les numéros des valeurs remises en compte courant en échange des avances.

Enfin, le juge savait, par les vérifications de MM. de Germiny et Izoard, que la Société avait des dépôts appartenant à 476 clients, et qu'afin de distinguer *ces dépôts* des titres en *compte courant,* le récépissé délivré aux véritables *déposants* mentionnait les numéros. Cette formalité des numéros faisait la différence entre les dépôts et les comptes courants. Le juge, par les livres et par les attestations de M. de Germiny, savait aussi que les titres *en dépôt* avaient été toujours religieusement conservés.

§

Autres constatations faites par le juge : cette liquidation d'office, au moment de la guerre d'Italie, *la seule opération incriminée,* nuisible à la Société, n'offrait aux gérants aucun avantage; faite sans autorisation, cette liquidation ne pouvait en réalité, profiter qu'aux clients eux-mêmes. Enfin, le juge avait reconnu la sincérité des gérants, puisque, pendant qu'ils opéraient pour le compte des clients, les livres sociaux attestaient que ces gérants opéraient dans le même sens, soit pour leur propre compte, soit pour le compte social. Telles furent les constatations qui conduisirent le juge d'instruction à proposer une ordonnance de non-lieu.

Des raisons d'une autre nature avaient agi sur l'esprit du juge : la chose jugée. En effet, déjà à l'égard de l'un des clients liquidés d'office, le sieur Gesente, le tribunal de commerce, dans le mois de novembre 1859, avait tranché cette question. Par ce jugement, il avait été reconnu que la forme des récépissés était exclusive du du caractère de nantissement et que la société ne s'était pas engagée à rendre les mêmes numéros; dès-lors, dit le jugement, l'offre de livrer des valeurs identiques est une offre suffisante. Enfin, la Cour de cassation, à cette époque, avait assimilé à l'or et à l'argent les titres aux porteurs.

Ainsi la jurisprudence et les faits se réunissaient pour attester la sincérité des gérants ; si l'on considère qu'aucun client n'avait fait ni plainte ni réclamation ; que les titres ont toujours été exactement rendus, qu'il n'y a jamais eu pour personne l'ombre d'un préjudice, que le débat sur la libre disposition des titres restait donc limité à une simple question abstraite de droit; le non-lieu proposé par le juge était tout à fait naturel.

Mais ce non-lieu vous compromet ; il faut à tout prix, pour votre sécurité, que je sois coupable ; il vous faut une condamnation, et pour l'obtenir, vous avez recours d'abord à la forfaiture en empêchant l'ordonnance de non-lieu, et ensuite aux faux. Ces faux, je les prouve :

§

Par votre ordre, la liquidation des clients, les 30 avril, 2 et 3 mai 1859, devient délictueuse! Vous voulez que les comptes courants soient transformés en nantissements; dès-lors, la libre disposition des titres est interdite; le fait d'avoir disposé de ces titres constitue un abus de confiance! Telle est votre doctrine, vous l'imposez au juge et à l'expert Monginot.

Toutefois, cet abus de confiance, contre qui est-il commis? Contre personne, puisque nulle réclamation ne s'est jamais élevée, les titres ayant toujours été exactement rendus à tous les clients!

Mais la transformation des comptes courants en nantissements, était la première et l'indispensable étape du projet criminel que vous méditiez; la connaissance précise de votre projet fera pénétrer dans tous les esprits la profondeur de votre iniquité.

§

Il faut savoir, pour l'intelligence du fait, que les titres des clients en comptes courants étaient confondus, dans le portefeuille social, avec les valeurs appartenant à la société, et lorsque ces clients retiraient leurs titres, ils recevaient indistinctement les premiers venus de même nature, qu'ils provinssent des clients eux-mêmes ou d'autres clients, ou enfin de la Société. Ces remises antérieures à la liquidation d'office dont il est question, avaien donc été faites à une époque où les prix étaient plus élevés qu'au moment de la guerre d'Italie.

Cette remarque est pour vous un trait de lumière, et vous suggère la fourberie criminelle que vous allez accomplir; cette remarque dit pourquoi vous teniez tant à transformer en nantissements des valeurs reçues en compte courant! En effet, en admettant en principe qu'il y eût nantissement, pour me faire coupable, il fallait prouver un bénéfice sur les titres dont la Société avait disposé. Or, les livres constataient que les avances en compte ccurant avaient causé une perte; cette difficulté capitale, absolue, vous saurez la tourner! Rien ne vous arrêtera!

Le nantissement admis, la libre disposition des titres devenant un délit, il en résultera, d'après vous, que la Caisse des chemins de fer doit à ses clients la valeur des titres au jour où elle en a disposé. Cette simple supposition sera l'origine de l'escroquerie!

En conséquence, vous forcez l'expert Monginot à transformer en des ventes effectives la remise pure et simple des titres aux clients! Ces ventes, absolument fausses, sont fabriquées par votre expert avec le cours de la Bourse! Voilà les faux! voilà l'acte criminel! En voici les conséquences :

Au moyen de ces ventes imaginaires, vous faites ressortir un prétendu bénéfice de 2,007,993 francs. Ce bénéfice frauduleux, vous soutiendrez que les gérants, pour se l'approprier ou en faire jouir les actionnaires, ont voulu la liquidation d'office! Juge d'instruction, parquet et expert seront unanimes, et bientôt après le tribunal, pour ce fait unique, condamnera les gérants à cinq ans de prison!

Des ventes imaginaires, des prétendus bénéfices, tels sont les faux que vous avez inspirés et ordonnés! Telle est la base de la condamnation que vous allez requérir! Des faux et rien que des faux, — cela est horrible à penser! — ont servi de base aux décisions flétrissantes prononcées par les tribunaux de Paris et par la Cour de cassation dans l'intérêt de la loi? En vain chercheriez-vous dans l'histoire des magistrats que l'opinion publique a flétris, et dans les actes des Jeffryes et des Laubardemont un acte plus odieux et plus coupable !

§

Les livres sociaux attestent une perte sur les comptes courants ; par votre ordre, ces livres seront négligés ; et par votre ordre, au moyen d'une comptabité frauduleuse, ces pertes vont se tranformer en bénéfices !

Voici comment s'opère ce miracle :

Votre agent Monginot s'empare des registres d'entrée et de sortie des titres, registres d'ordre tenus par le caissier des titres et complétement étrangers à la comptabilité ; au moyen de ces registres, et suivant vos instructions, il fabrique les ventes et et les bénéfices ; il trouve sur ces registres la date de la sortie ; vous savez que cette sortie est une restitution aux clients et non des ventes ; que vous importe ! La vérité n'est pas la mission donnée à votre agent ; sa mission est de me faire coupable ; aussi transforme-t-il en des ventes effectives cette restitution, cette simple sortie de titres ! A ces prétendues ventes il applique le prix à la Bourse. C'est au moyen de cette combinaison mensongère qu'il forge le bénéfice de 2,007,993 francs !

Après cette explication et le complot révélé, on comprend vos efforts pour entraver la défense, empêcher toute vérification et éviter ainsi la découverte de vos exécrables machinations !

§

L'œuvre est cependant difficile, car inventer des bénéfices, fabriquer des faux, ne suffit pas pour me faire coupable, il faut encore les manœuvres constitutives du délit !

Vous inventerez ces manœuvres comme le reste. Manœuvre, la lettre d'avis aux clients ! Manœuvre, la valeur des titres à leur crédit ! Ma Société, pour la régularité des écritures, a besoin d'une pièce de comptabilité ; de là naît la double opération de vente et d'achat par agent de change ; cette opération, *absolument ignorée des clients*, est, par vous encore, transformée en une manœuvre *destinée à les tromper !* Les clients trompés par une chose qu'ils ignoraient ! Ce serait le comble de l'absurde, si ce n'était le comble de l'ignominie !

Et quel sera, d'après vous, le but de ces manœuvres ? Je le répète : assurer aux actionnaires le faux bénéfice de 2,007,993 fr. forgé par votre ordre. J'aurai donc fait de l'escroquerie par amour de l'ART !

Les faux fabriqués, les manœuvres créées, je dois nécessairement ignorer vos criminels procédés ; que faites-vous alors ? Vous décidez que ce bénéfice de 2,007,993 fr. sera consigné dans une annexe dont vous dissimulerez l'existence et dont, par tous les moyens possibles, l'examen sera empêché ! Voilà, dans sa hideuse vérité, ce que vous invoquerez pour déshonorer mon nom, ma carrière, pour me flétrir partout et jusqu'à la tribune du Sénat !

Qui pourrait désormais s'étonner des précautions minutieuses que vous avez prises pour entraver ma défense ? Le moindre indice me mettait sur la voie et votre échafaudage était renversé ; il fallait tout cacher jusqu'à la dernière heure !

§

J'ai dit vos procédés pour tout dissimuler ; le plus efficace est celui que vous employez durant l'instruction pour que je ne sache pas les bases du prétendu bénéfice de 2,007,993 fr. Ce procédé doit être signalé; il consiste à recommander à l'expert de ne pas dire un mot de l'annexe dans son rapport, et au juge d'instruction de ne pas laisser soupçonner l'annexe dans ses interrogatoires! L'un et l'autre vous obéissent!

Comme vous l'avez voulu, le rapport de l'expert garde le silence sur l'annexe. A son tour, le juge d'instruction, dans les longs interrogatoires qu'il me fait subir, dissimule également l'annexe et soutient que les prétendus bénéfices qu'il allègue *sont relevés sur les livres sociaux.*

Voici, pour se conformer à vos intentions, en quels termes ce juge s'exprime :

D. « On a retrouvé dans vos écritures les dates exactes des *ven-* « *tes faites... les numéros des valeurs vendues...* Tous ces renseigne- « ments, consignés dans vos registres, constituaient des droits au « profit de vos clients et ne vous permettaient pas d'ignorer quelle « était votre situation vis-à-vis de chacun d'eux ; ils avaient droit « de faire entrer, comme élément dans leur compte, *les sommes que* « *vous aviez réellement entre les mains par suite de la vente de leur* « *chose.* En *vendant* sans leur consentement, vous avez commis « un quasi-délit... La probité et la loyauté exigeaient que vos « comptes avec vos clients fussent réglés d'après l'obligation dont « nous venons de parler... »

Qui donc eût pu découvrir la fourberie qui se cachait sous ce langage? Comment supposer que le juge mentait en disant que les chiffres qu'il invoquait étaient puisés dans les livres sociaux, alors qu'il les puisait dans l'annexe? Comment pouvais-je deviner que les ventes et les sommes alléguées étaient de pure invention?

Comment prévoir ce mensonge criminel? Comment prévoir un accord entre vous, le juge d'instruction et l'expert pour créer de prétendues ventes au moyen de faux?

Autre indice de votre duplicité : Vous faites enlever les registres auxiliaires qui vont servir à fabriquer l'annexe, et, par votre ordre, l'expert se livrera secrètement à cette œuvre frauduleuse, afin que les employés ne puissent se douter du crime qui se prépare ! Enfin, le secret sur cette annexe est si exactement gardé, qu'au moment où je comparais devant la 6e chambre, elle m'est absolument inconnue !

Vous vous gardez de la signifier, et nul ne l'ayant vérifiée, nul n'en soupçonne la gravité ; aussi mon avoué, M. Petit-Bergonz, n'en réclame pas une copie ; il croit, comme l'a dit le juge d'instruction, que les résultats signalés dans cette annexe ont *été fidèlement extraits des livres sociaux* ; voilà la cause de sa négligence.

Mes Mathieu et Plocque n'en ont nulle connaissance, et ils le déclarent formellement ; cette pièce, disparue promptement du dossier, est restée absolument ignorée de mes avocats. Voici leurs déclarations :

LETTRE DE Me MATHIEU

« Ce que je puis affirmer, c'est que *je n'ai ni vu ni étudié l'annexe principale pendant les longs jours et les longues heures que j'ai consacrés à l'examen de cette affaire.* »

LETTRE DE Me PLOCQUE

« Lorsque, l'avant-veille de la plaidoirie dans l'affaire Mirès, je fus obligé d'accepter à l'improviste sa défense, je commençai l'étude du procès par la lecture du rapport, et je fus immédiatement rappé de la *nécessité* d'avoir à ma disposition l'*annexe principale*.

« Je la fis demander à M. Mirès ; *il ne l'avait jamais eue*. Un de mes confrères, qui m'assistait dans ce travail forcé et rapide auquel j'étais obligé de me livrer dans mon cabinet, fut chargé par moi de se rendre au greffe pour prendre des notes sur cette pièce. *Elle ne s'y trouvait plus ;* on la chercha dans le dossier qui, à l'audience, était mis à ma disposition ; *elle n'y était pas davantage*. Emporté par le temps et les préoccupations de toute nature qui m'assiégeaient, je dus passer outre et *renoncer à consulter un document qui me paraissait seul pouvoir expliquer les calculs, les constatations, les conclusions de l'expert.* »

Autre preuve que je n'ai pas connu cette annexe avant la condamnation prononcée le 11 juillet 1861 ; voici le reçu de M. Larousse, greffier :

« Reçu de M. Mirès, la somme de... pour copie de l'ANNEXE PRINCIPALE du rapport de M. Monginot, demandée vers le 20 juillet, et LIVRÉE FIN JUILLET.

« Signé : LAROUSSE. »

§

Ainsi, par vos manœuvres, vous êtes parvenu à me faire comparaître sur les bancs de la police correctionnelle sous la prévention d'escroquerie, sans que l'unique pièce qui attestât ce délit m'eût été communiquée ! Et chose véritablement incroyable ! vous obtiendrez la condamnation qui flétrit mon nom, ma carrière, et anéantit les intérêts que j'abritais, sans que j'eusse connu la pièce, la seule pièce sur laquelle est basée cette condamnation ! . . .

Je suis condamné le 11 juillet 1861 par la 6e chambre, présidée par M. Massé! Et le jugement qui me frappe pour escroquerie *repose sur les faux fabriqués par votre ordre!*

Devant ce tribunal, ignorant l'annexe, je n'avais pu en réclamer la vérification ; mais, sur d'autres points de l'expertise, j'avais signalé des erreurs graves et par des conclusions formelles demandé une vérification contradictoire. Le président, M. Massé, a joint l'incident au fond, et, par cette habileté judiciaire, si conforme à vos intérêts, il m'interdit toute vérification et me condamne sans examen.

Ce jugement a encore ce caractère particulier, qu'il reproduit tous les griefs contenus dans la dénonciation rédigée par votre fils; en réalité, ce jugement n'est autre chose que la copie servile de cette dénonciation! Il convient de considérer que la multiplicité des griefs était pour vous d'une grande utilité; il fallait abuser l'opinion en me frappant pour divers faits! De cette façon, il devenait moins facile de démêler le crime si habilement imposé à la justice!

§

Je fais appel et je demande copie de l'annexe : à peine cette copie est-elle entre mes mains que la fraude se révèle aussitôt.

Cependant le crime est si grand que je ne puis y croire; il semble encore possible que l'expert ait exagéré ses dispositions accusatrices! Si, en effet, la condamnation prononcée en première instance est le fruit d'une erreur, votre attitude le dira. Cette attitude est, au contraire, votre éclatante condamnation; elle vous dénonce, elle vous trahit, elle est infâme! Il devient constant que vous voulez ma perte, et que, pour y atteindre, vous n'avez pas reculé devant le crime! Votre attitude en appel exclut le doute sur votre culpabilité!

Devant la cour, comme en première instance, vous empêchez par tous les moyens la vérification de l'annexe, et quatre faits significatifs établissent jusqu'à l'évidence votre incessante préoccupation à cet égard ; je les cite :

Premier fait. — La condamnation prononcée et l'annexe dans mes mains, sa simple inspection en révéla la fraude ; l'expert avait négligé la comptabilité et s'était uniquement servi des registres d'ordre tenus par le caissier des titres !

Je veux vérifier ces registres ; ils avaient disparu ! On cherche, ils avaient été retirés pour dresser l'annexe, ce réceptacle de faux ! Je réclame ces registres au parquet ; M. Barbier, avocat général, n'est pas encore dans le secret de la fraude ; il donne l'ordre de me les livrer. A peine sont-ils à ma disposition, que votre secrétaire, M. Mulle, vient en votre nom les retirer ; je refuse, il insiste, et ce n'est que sur la menace d'un éclat à l'audience que vous renoncez à votre prétention !

Deuxième fait. — L'annexe connue, je disais à la première audience de la chambre des appels : « Je ne demande pas un acquit« tement ; je ne veux qu'une expertise contradictoire pour effacer « des annales judiciaires ces pièces outrageantes. » Ce langage avait ému l'opinion et la cour ! Sur huit conseillers, quatre étaient signalés comme favorables à l'expertise contradictoire ; c'était la majorité !

L'un de ces conseillers, M. Berriat-Saint-Prix, est l'auteur d'un ouvrage remarquable sur les tribunaux révolutionnaires, qu'il flagelle sévèrement ; vous sentez que ce magistrat ne démentira pas ses études et ses œuvres en condamnant sans examen ! Vous le désignez pour présider des assises, et vous brisez ainsi la majorité assurée à la vérification de l'expertise !

Troisième fait. — Ce que vous demandez à des magistrats est si énorme : la flétrissure sans examen ! que les plus dévoués ou les moins scrupuleux hésitent. Que faites-vous, alors ? Pour reconforter leurs consciences, vous faites appel au délateur, Barbet-

Devaux, et il est introduit dans la chambre du conseil ! C'est lui qui va éclairer la Cour sur le caractère de l'annexe !...

Quatrième fait. — Cependant, malgré le départ de M. Berriat-Saint-Prix, malgré l'intervention déloyale du délateur, vous n'êtes pas rassuré ; l'émotion était grande et l'opinion faisait hautement entendre sa voix, elle ne voulait pas qu'on flétrît un homme sans lui avoir préalablement accordé la vérification qu'il réclamait. Ces dispositions vous effrayent et, à la dernière heure, vous faites intervenir l'expert Monginot.

La cause de cette intervention veut être connue : Sur ma demande d'une nouvelle expertise, la cour, imitant la ruse des juges de première instance, avait joint l'incident au fond ; elle allait statuer ! Les débats sont finis ; à ce moment va se décider la question capitale de la vérification ; vous faites alors parvenir à la cour une lettre de l'expert Monginot, ainsi conçue :

« Je commence par affirmer, sans crainte d'être démenti, qu'à tort ou à raison je n'ai pas voulu être aidé des renseignements qu'aurait pu me fournir M. Barbet-Devaux. Les deux seules conférences qui ont eu lieu entre les *experts* et lui n'ont eu pour objet que des explications sur le système de comptabilité. »

Vous le saviez, il mentait en disant qu'il n'avait pas voulu être aidé par Barbet-Devaux ! Il mentait en disant qu'il n'avait eu que deux conférences avec le délateur ! Des témoins attestent que l'expert Monginot se rendait le soir avec Barbet-Devaux dans les bureaux de la Caisse des chemins de fer, et qu'ils y travaillaient seuls jusqu'à une heure avancée de la nuit !

Cette intervention de l'expert Monginot, cette dernière manœuvre, fut victorieuse : elle fit cesser les hésitations, et la Cour, sans hésitation, confirma la condamnation à cinq ans de prison !

§

Et voilà votre œuvre ! Voilà à quels moyens vous avez eu recours pour conjurer la honte qui menaçait de couvrir vous et votre fils !

Pour vous sauver, il fallait que mon nom, ma carrière fussent flétris ; que les intérêts confiés à ma garde fussent anéantis ! Cette œuvre sans nom, vous l'avez accomplie, et par vous la magistrature de Paris a été compromise de la façon la plus grave. — Vainement la Cour de Douai m'a-t-elle protégé en proclamant la probité de mes actes ; vous êtes néanmoins sorti victorieux de la lutte infâme entreprise, à Paris, contre mon honneur ; mais votre succès est fini ! Bientôt vous recevrez la juste punition de votre crime ! Après un si grand forfait, avec une audace sans exemple, vous avez osé tenir ce langage au Sénat :

« Il me semble que quand un homme comme moi a eu cin-
« quante ans d'une carrière toujours honorable et respectée, il
« ne peut se trouver atteint par de pareilles injures, et que son
« devoir est de ne jamais se commettre avec un pareil homme. »

« Un pareil homme !... » Et par quel acte de ma vie ai-je mérité cette expression de mépris ? Par le crime que vous avez commis contre moi !...

§

Vous avez demandé au Sénat de vous couvrir et de vous dispenser de vous justifier ! Ce secours, le Sénat vous l'a accordé.

Vous redoutiez un débat flétrissant pour vous et pour votre fils, e le Sénat vous en a provisoirement affranchi !

Il a fait plus encore : pour vous, ce grand corps a méconnu l plus sacré de ses droits, la plus précieuse de ses prérogatives ; chargé par la Constitution de protéger les citoyens contre l'iniquité, le Sénat en me refusant son appui et en m'outrageant, a doublement trahi sa mission !

Ne devez-vous rien en retour à cette assemblée qui s'est montrée pour vous si dévouée? Vous avez dit que votre honneur était solidaire du sien, prouvez-le en me poursuivant en dénonciation calomnieuse!

Le ferez-vous? Oui; car la situation est désormais nettement définie. Vous me ferez condamner pour dénonciation calomnieuse comme le plus audacieux des imposteurs, ou sinon vous comparaîtrez devant la haute cour pour y subir la juste punition de vos forfaits !

J. MIRÈS.

Paris, 5 avril 1870,

---

www.ingramcontent.com/pod-product-compliance
Ingram Content Group UK Ltd.
Pitfield, Milton Keynes, MK11 3LW, UK
UKHW021145220726
13924UKWH00003B/1023